GREEK VOCAB NOW!
AN ANCIENT GREEK PICTURE BOOK

GREEK VOCAB NOW!
AN ANCIENT GREEK PICTURE BOOK

T. MICHAEL W. HALCOMB

54 pages : Color illustrations (Accessible Greek resources and online studies series. Tier 1)

ISBN 978-1-63663-096-0 (paperback)
1. Greek language, Biblical – Vocabulary. 2. Games & Activities – Coloring Books. I. Title. II. Greek Vocab Now!. III. Series.

Cover Design by T. Michael W. Halcomb
Book Design by T. Michael W. Halcomb

To Everyone Who Has Supported GlossaHouse.
Εὐχαριστῶ!

AGROS

Accessible Greek Resources and Online Studies

SERIES EDITORS
T. Michael W. Halcomb
Fredrick J. Long

AGROS

The Greek word ἀγρός is a field where seeds are planted and growth occurs. It can also denote a small village or community that forms around such a field. The type of community envisioned here is one that attends to Holy Scripture, particularly one that encourages the use of biblical Greek. Accessible Greek Resources and Online Studies (AGROS) is a tiered curriculum suite featuring innovative readers, grammars, specialized studies, and other exegetical resources to encourage and foster the exegetical use of biblical Greek. The goal of AGROS is to facilitate the creation and publication of innovative and inexpensive print and digital resources for the exposition of Scripture within the context of the global church.

The AGROS curriculum includes five tiers, and each tier is indicated on the book's cover: Tier 1 (Beginning I), Tier 2 (Beginning II), Tier 3 (Intermediate I), Tier 4 (Intermediate II), and Tier 5 (Advanced). There are also two resource tracks: Conversational and Translational. Both involve intensive study of morphology, grammar, syntax, and discourse features. The conversational track specifically values the spoken word, and the enhanced learning associated with speaking a language in actual conversation. The translational track values the written word, and encourages analytical study to aide in understanding and translating biblical Greek and other Greek literature. The two resource tracks complement one another and can be pursued independently or together.

Introduction

This is a simple book. Everything about it, from the illustrations, to the terms, to the layout is simple. Creating it, however, was not all that simple. But my brilliant friend, Dr. Gary Manning, Jr., helped ease some of the burden. Before the book went to print he looked over it with his keen eye and expertise and, I must admit, found a plethora of mistakes and issues. This book is better because of him and, becuase of that, I must express my greatest gratitude to him. As always, any remaining mistakes are mine. If you find any, I would ask that you please send them to GH at editors@glossahouse.com.

My hope is that, once students have worked with the Greek alphabet, this fun and simple picture book would function as a great way tool to help them learn nearly 350 Greek words. Terms are grouped into what I have referred to in other published works as "narrative domains." What makes this work slightly different is that the stories are told via images rather than sentences and/or paragraphs. I believe this resource could function as a wonderful companion resource to the many other Tier 1 and Tier 2 resources in the AGROS curriculum suite. Each page in this volume contains a fun and unique scene with around 10 vocabulary words listed in Greek. There is also a short glossary at the end of the book, which makes this a great resource to learn *Greek Vocab Now*!

Summer/Ordinary Time, 2024
-T. Michael W. Halcomb

GREEK VOCAB NOW!

AN ANCIENT GREEK PICTURE BOOK

σῶμα

1. κεφαλή + πῖλος	3. ὀφθαλμός	5. ὀδούς	7. πώγων	9. ὦμος
2. μέτωπον	4. ῥίς	6. χεῖλος	8. οὖς	10. χείρ

ἀγορά

1. θυρίς   3. δένδρον   5. βρῶμα / τροφή   7. ὑδρία   9. τράπεζα

2. σκηνή   4. τόξον   6. σπυρίς   8. ὁδός   10. σάρον

στάδιον

1. οὐρανός	3. ὄχλος	5. δρόμος	7. σκάνδαλον	9. δεύτερος
2. στρατιώτης	4. κλίμακες	6. λίθος	8. πρῶτος	10. τρίτος

περὶ τὸ πῦρ

1.λύχνος	3. δαπάνη / ἄνθραξ	5. χόρτος	7. πίναξ	9. λαμπάς
2.πῦρ	4. ξύλον	6. φιάλη	8. ῥάβδος	10. καθέδρα

αὐλή

1. τοῖχος	3. ἔδαφος	5. κεράμιον	7. γυνή	9. στέγη
2. φρέαρ	4. γῆ	6. ἀνήρ	8. σάνδαλον	10. θύρα

1. οἶκος
2. σπέρμα
3. χῶμα
4. δικέλλα
5. ἄνθη
6. πρασιά
7. πίθος
8. χιτών
9. κεκρύφαλος
10. καπνοδόχη

διδασκαλεῖον

1. γραφίς
2. βιβλίον
3. ἀναγνωστήριον
4. διδασκάλισσα
5. μαθητής
6. διδάσκαλος
7. βιβλιοθήκη
8. ἀγγεῖον
9. εἰκών
10. χάρτης

πατριά

1. μάμμη	3. μήτηρ	5. θυγάτηρ	7. υἱός	9. ἀδελφός
2. πατήρ	4. πάππος	6. βρέφος	8. ἀδελφή	10. δεῖπνον

θέατρον

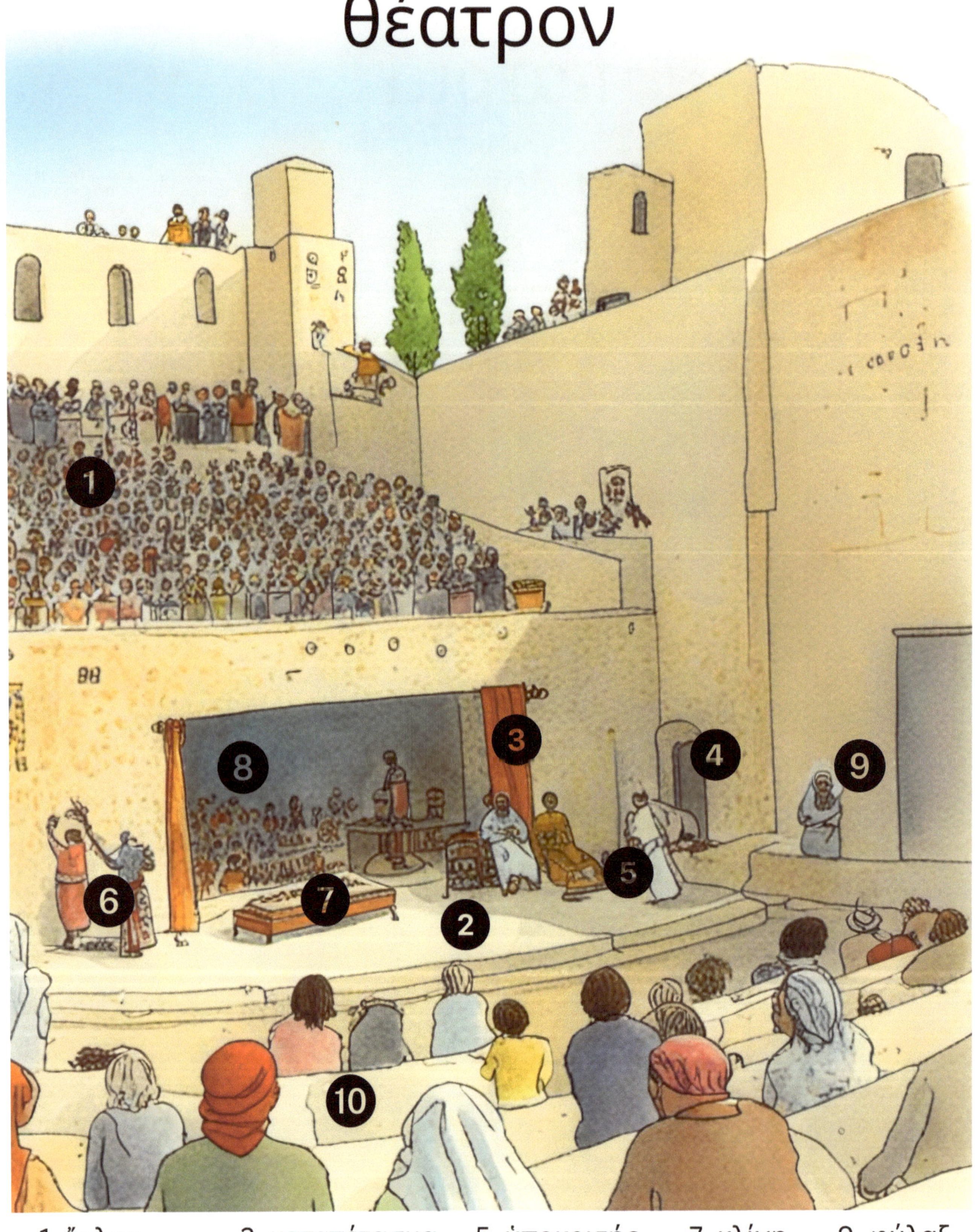

1. ὄχλος	3. καταπέτασμα	5. ὑποκριτής	7. κλίνη	9. φύλαξ
2. προσκήνιον	4. εἴσοδος / ἔξοδος	6. ὑπόκρισις	8. χορός	10. ἕδραί

ἀγρός

1. ποίμνιον
2. ποταμός
3. πρόβατον
4. ἀμνός
5. ποιμήν
6. φραγμός
7. πύλη
8. ὄρος
9. νεφέλη
10. ἥλιος

παράδεισος

1. πηγή	3. καταρράκτης	5. κολυμβήθρα	7. σκαπάνη	9. κλίνη
2. κλίμαξ	4. σφαῖρα	6. νῆσσα	8. ἄμμος	10. φυτόν

πλοῦς

1. σχεδία	3. κύων	5. ποταμός	7. βασίλειον	9. ὑετός
2. κωπή	4. ἰχθύς	6. κρημνός	8. ἶρις	10. ἀγέλη ὀρνίθων

πορεία

1. τροχός	3. ἡνίοχος	5. σημεῖον	7. χαλινός	9. στήλη
2. ἅρμα	4. στῦλος	6. ἵππος	8. ὁδός	10. ἀστραπή

ὀπτάνιον

1. τάπης	3. χύτρα	5. καπνός	7. τηγάνιον	9. ἐγκόμβωμα
2. πίναξ	4. κλίβανος	6. ὡρολόγιον	8. λέβης	10. ποτήριον

ζῷα

1. ἀλώπηξ   3. ἱπποπόταμος   5. λέων   7. κάμηλος   9. ἔριφος
2. ἄρκτος   4. καμηλοπάρδαλις   6. πίθηκος   8. ὄνος   10. λαγιδεύς

μάχη

1. ξίφος   3. περικεφαλαία   5. βέλος   7. δόρυ   9. γέφυρα
2. ἀσπίς   4. τάφρος   6. τόξον   8. αἰγιαλός   10. πύργος

Βασιλικὴ αὐλή

1. ἄλυσις	3. στέφανος	5. σκῆπτρον	7. βασίλισσα	9. στῦλος
2. θρόνος	4. βασιλεύς	6. βασιλείδης	8. βασίλεια	10. θυσιαστήριον

θάλασσα

1. πλοῖον	3. πρῷρα	5. ἱστός	7. δίκτυον	9. ἀμφίβληστρον
2. πρύμνα	4. ἄγκυρα	6. ἱστίον	8. ἄγκιστρον	10. σελήνη

ἀμπελών

1. κορμός	3. φύλλον	5. ἄμπελος	7. αἴλουρος	9. ἀνεμόμυλος
2. κλάδος	4. σταφυλή	6. μόδιος	8. ἀλέκτωρ	10. ὄφις

γάμος

1. ἱερεύς 3. νυμφίος 5. ὅρκοι 7. κάλυμμα 9. σκιάς
2. βιβλίον 4. δακτύλιος 6. νύμφη 8. δῶρον 10. περιστερά

20

συναγωγή

1. σάλπιγξ
2. ἐντολαί
3. λυχνία
4. ψάλτης
5. ὕμνος
6. Βιβλία
7. νόμος
8. ζῳδιακός
9. κιππά
10. λυχνεῖον

πανήγυρις

1. πόντος   3. καρύον   5. κῆτος   7. κῦμα   9. γαλεός
2. νῆσος   4. σπήλαιον   6. δελφίς   8. αἰγιαλός   10. πολύπους

βάθη

1. φυσαλλίς
2. φῦκος
3. ἀστήρ
4. κολυμβητής
5. καρκίνος
6. φώκη
7. πλεύμων
8. χελώνη
9. κτείς
10. θησαυρός

χρώματα καὶ χρήματα

1. χλωρός
2. λευκός
3. ἐρυθρός
4. φαιός
5. γλαυκός
6. ξανθός
7. ὄρφνινος
8. σκιάδειον
9. φυτόν
10. μέλας
11. χρυσός
12. ἄργυρος
13. πορφυρέος
14. σανδαράκινος

χρόνος

1. δευτερόλεπτον
2. μέτρον/μέρος
3. ὥρα
4. ἀριθμός
5. ἡμερολόγιον
6. μήν
7. ἡμέρα
8. ἑβδομάς
9. ἔτος
10. δεκαετία

καιροί

1. κυριακή
2. δευτέρα
3. τρίτη
4. τετάρτη
5. πέμπτη
6. παρασκευή
7. σάββατον
8. χειμών
9. ἔαρ
10. θέρος
11. φθινόπωρον

μῆνες

1. Ἰανουάριος   4. Ἀπρίλιος   7. Ἰούλιος   10. Ὀκτώβριος

2. Φεβρουάριος   5. Μάϊος   8. Αὔγουστος   11. Νοέμβριος

3. Μάρτιος   6. Ἰούνιος   9. Σεπτέμβριος   12. Δεκέμβριος

σχήματα

1. καρδία   3. τετράγωνον   5. ὀκτάγωνον   7. κύκλος   9. ἀστήρ
2. σταυρός   4. ᾠοειδής   6. πεντάγωνον   8. κύλινδρος   10. τρίγωνον

ἀριθμοί

 μηδέν / οὐδέν, μηδένα / οὐδένα, μηδέν / οὐδέν

 εἷς, μία, ἕν

 δύο

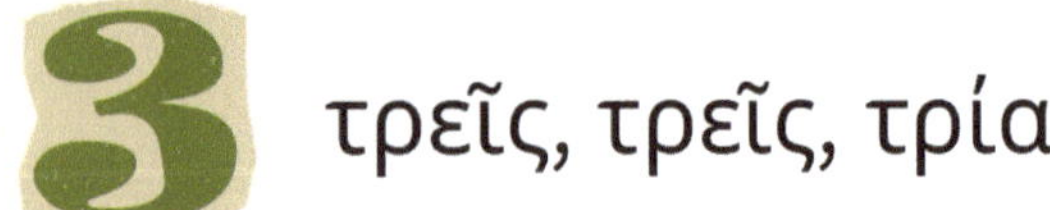 τρεῖς, τρεῖς, τρία

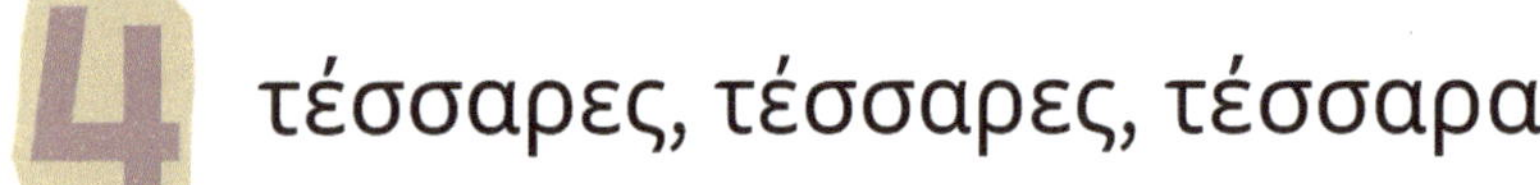 τέσσαρες, τέσσαρες, τέσσαρα

 πέντε

 ἕξ

 ἑπτά

 ὀκτώ

 ἐννέα

ἀριθμοί

 δέκα

11 ἕνδεκα

12 δώδεκα

13 δεκατρία

14 δεκατέσσερα

15 δεκαπέντε

16 δεκαέξ

17 δεκαεπτά

18 δεκαοκτώ

19 δεκαεννέα

ἀριθμοί

20	εἴκοσι
30	τριάκοντα
40	τεσσαράκοντα
50	πεντήκοντα
60	ἑξήκοντα
70	ἑβδομήκοντα
80	ὀγδοήκοντα
90	ἐνενήκοντα
100	ἑκατόν

ἀριθμοί

 πρῶτος

 δεύτερος

 τρίτος

 τέταρτος

 πέμπτος

 ἕκτος

 ἑβδόμος

 ὄγδοος

 ἐνάτος

 δέκατος

λέξεις

λέξεις

pg. 1: σῶμα - body
1. κεφαλή - head
2. πῖλος - hat
3. μέτωπον - forehead
4. ὀφθαλμός - eye
5. ῥίς - nose
6. ὀδούς - tooth
7. χεῖλος - lip
8. πώγων - beard
9. οὖς - ear
10. ὦμος - shoulder
11. χείρ - hand

pg. 2: ἀγορά - market
1. θυρίς - door
2. σκηνή - awning/tent
3. δένδρον - tree
4. τόξον - arch
5. βρῶμα / τροφή - food
6. σπυρίς - basket
7. ὑδρία - bucket
7. ὁδός - road/path
9. τράπεζα - table
10. σάρον - broom

pg. 3: στάδιον - stadium
1. οὐρανός - sky
2. στρατιώτης - soldier
3. ὄχλος - crowd
4. κλίμακες - steps
5. δρόμος - track/course
6. λίθος - stone

pg. 4: περὶ τὸ πῦρ - around the fire
1. λύχνος - lamp
2. πῦρ - fire
3. δαπάνη / ἄνθραξ - ember
4. ξύλον - log/wood
5. χόρτος - grass
6. φιάλη - bowl
7. πίναξ - plate
8. ῥάβδος - rod, staff, stick
9. λαμπάς - torch
10. καθέδρα - chair

pg. 5: αὐλή - courtyard
1. τοῖχος - wall
2. φρέαρ - well
3. ἔδαφος - floor/ground
4. γῆ - ground/land
5. κεράμιον - jar
6. ἀνήρ - man/husband
7. γυνή - woman/wife
8. σάνδαλον - sandal
9. στέγη - roof
10. θύρα - door

pg. 6: κώμη - village
1. οἶκος - house
2. σπέρμα - seed

7. σκάνδαλον - stumbling stone
8. πρῶτος - first
9. δεύτερος - second
10. τρίτος - third

λέξεις

3. χώμα - soil
4. δικέλλα - hoe/rake
5. ἄνθη - flower(s)
6. πρασιά - flower bed
7. πίθος - jar
8. χιτών - tunic
9. κεκρύφαλος - head covering
10. καπνοδόχη - chimney

pg. 7: διδασκαλεῖον - classroom
1. γραφίς - pencil
2. βιβλίον - book
3. ἀναγνωστήριον - (reading) desk
4. διδασκάλισσα - teacher (female)
5. μαθητής - student
6. διδάσκαλος - teacher (male)
7. βιβλιοθήκη - book shelf
8. ἀγγεῖον - vase
9. εἰκών - picture
10. χάρτης - map

pg. 8: πατριά - household
1. μάμμη - grandma
2. πατήρ - father
3. μήτηρ - mother
4. πάππος - grandpa
5. θυγάτηρ - daughter
6. βρέφος - young child
7. υἱός - son
8. ἀδελφή - sister, female sibling
9. ἀδελφός - brother, male sibling

10. δεῖπνον - meal, dinner

pg. 9: θέατρον - theater
1. ὄχλος - crowd
2. προσκήνιον - stage
3. καταπέτασμα - curtain
4. εἴσοδος/ἔξοδος - entry/exit
5. ὑποκριτής - actor
6. ὑπόκρισις - actress
7. κλίνη - couch
8. χορός - chorus
9. φύλαξ - guard
10. ἑδραί - seats

pg. 10: ἀγρός - field, farm
1. ποίμνιον - flock (of sheep)
2. ῥύαξ - creek, stream, brook
3. πρόβατον - sheep
4. ἀμνός - lamb
5. ποιμήν - shepherd
6. φραγμός - fence
7. πύλη - gate
8. ὄρος - hill, mountain
9. νεφέλη - cloud
10. ἥλιος - sun

pg. 11: παράδεισος - paradise/park
1. πηγή - spring
2. κλίμαξ - ladder
3. καταρράκτης - waterfall
4. σφαῖρα - ball

λέξεις

5. κολυμβήθρα - pool
6. νῆσσα - duck
7. σκαπάνη - shovel
8. ἄμμος - sand
9. κλίνη - bench
10. φυτόν - plant

pg. 12: πλοῦς - (sailing) voyage
1. σχεδία - raft
2. κωπή - oar
3. κύων - dog
4. ἰχθύς - fish
5. ποταμός - river
6. κρημνός - cliff
7. βασίλειον - palace
8. ἶρις - rainbow
9. ὑετός - rain
10. ἀγέλη ὀρνίθων - flock of birds

pg. 13: πορεία - expedition
1. τροχός - wheel
2. ἅρμα - chariot
3. ἡνίοχος - charioteer
4. στύλος - pole
5. σημεῖον - flag, symbol, sign
6. ἵππος - horse
7. χαλινός - bridle
8. ὁδός - road
9. στήλη - monument, sign
10. ἀστραπή - lightning

pg. 14: ὀπτάνιον - kitchen
1. τάπης - rug
2. πίναξ - plate, dish
3. χύτρα - (cooking) pot
4. κλίβανος - oven
5. καπνός - smoke
6. ὡρολόγιον - clock
7. τηγάνιον - frying pan
8. λέβης - kettle, cauldron
9. ἐγκόμβωμα - apron
10. ποτήριον - cup

pg. 15: ζῷα - animals
1. ἀλώπηξ - fox
2. ἄρκτος - bear
3. ἱπποπόταμος - hippopotamus
4. καμηλοπάρδαλις - giraffe
5. λέων - lion
6. πίθηκος - monkey
7. κάμηλος - camel
8. ὄνος - donkey
9. ἔριφος - goat
10. λαγιδεύς - bunny/rabbit

pg. 16: μάχη - battle, fight
1. ξίφος - sword
2. ἀσπίς - shield
3. περικεφαλαία - helmet
4. τάφρος - trench, moat
5. βέλος - arrow

λέξεις

6. τόξον - bow
7. δόρυ - spear
8. αἰγιαλός - shore
9. γέφυρα - bridge
10. πύργος - tower

pg. 17: βασιλικὴ αὐλή - royal court
1. ἅλυσις - chain
2. θρόνος - throne
3. στέφανος - crown
4. βασιλεύς - king
5. σκῆπτρον - sceptre
6. βασιλείδης - prince
7. βασίλισσα - queen
8. βασίλεια - princess
9. στῦλος - pillar
10. θυσιαστήριον - altar

pg. 18: θάλασσα - sea
1. πλοῖον - boat
2. πρύμνα - stern
3. πρῷρα - prow
4. ἄγκυρα - anchor
5. ἱστός - mast
6. ἱστίον - sail
7. δίκτυον - net
8. ἄγκιστρον - hook
9. ἀμφίβληστρον - casting net
10. σελήνη - moon

pg. 19: ἀμπελών - vineyard
1. κορμός - trunk (of tree/vine)

2. κλάδος - branch
3. φύλλον - leaf
4. σταφυλή - grape
5. ἄμπελος - vine
6. μόδιος - (measuring) basket
7. αἴλουρος - cat
8. ἀλέκτωρ - rooster
9. ἀνεμόμυλος - windmill
10. ὄφις - snake

pg. 20: γάμος - wedding
1. ἱερεύς - priest
2. βιβλίον - book
3. νυμφίος - bridegroom
4. δακτύλιος - ring
5. ὅρκοι - vows
6. νύμφη - bride
7. κάλυμμα - veil
8. δῶρον - gift
9. σκιάς - canopy
10. περιστερά - dove

pg. 21: συναγωγή - synagogue
1. σάλπιγξ - trumpet
2. ἐντολαί - laws
3. λυχνία - lampstand, menorah
4. ψάλτης - psalter, singer
5. ὕμνος - hymn
6. Βιβλία - scrolls
7. νόμος - Torah, Law
8. ζῳδιακός - zodiak
9. κιππά - yarmulke, skullcap

λέξεις

10. λυχνεῖον - chandelier, lampstand

pg. 22: πανήγυρις - party, festival
1. πόντος - sea
2. νῆσος - island
3. καρύον - nut, coconut
4. σπήλαιον - cave
5. κῆτος - whale
6. δελφίς - dolphin
7. κῦμα - wave
8. αἰγιαλός - beach
9. γαλεός - shark
10. πολύπους - octopus

pg. 23: βάθη - deep sea, depths
1. φυσαλλίς - bubble
2. φῦκος - seaweed
3. ἀστήρ - star(fish)
4. κολυμβητής - swimmer
5. καρκίνος - crab
6. φώκη - seal
7. πλεύμων - lung
8. χελώνη - turtle
9. κτείς - shell(fish)
10. θησαυρός - treasure

pg. 24: χρώματα καὶ χρήματα
- colors and shapes
1. χλωρός - green
2. λευκός - white
3. ἐρυθρός - red

4. φαιός - gray/grey
5. γλαυκός - blue
6. ξανθός - yellow
7. ὄρφνινος - brown
8. σκιάδειον - umbrella
9. φυτόν - plant
10. μέλας - black
11. χρυσός - gold
12. ἄργυρος - silver
13. πορφυρέος - purple
14. σανδαράκινος - orange

pg. 25: χρόνος - time
1. δευτερόλεπτον - second
2. μέτρον / μέρος - minute
3. ὥρα - hour
4. ἀριθμός - number
5. ἡμερολόγιον - calendar
6. μήν - month
7. ἡμέρα - day
8. ἑβδομάς - week
9. ἔτος - year
10. δεκαετία - decade

pg. 26: καιροί - appointed times
1. κυριακή - Sunday
2. δευτέρα - Monday
3. τρίτη - Tuesday
4. τετάρτη - Wednesday
5. πέμπτη - Thursday
6. παρασκευή - Friday

λέξεις

7. σάββατον - Saturday, Sabbath
8. χειμών - winter
9. ἔαρ - spring
10. θέρος - summer
11. φθινόπωρον - fall

pg. 27: μῆνες - months
1. Ἰανουάριος - January
2. Φεβρουάριος - February
3. Μάρτιος - March
4. Ἀπρίλιος - April
5. Μάϊος - May
6. Ἰούνιος - June
7. Ἰούλιος - July
8. Αὔγουστος - August
9. Σεπτέμβριος - September
10. Ὀκτώβριος - October
11. Νοέμβριος - November
12. Δεκέμβριος - December

pg. 28: σχήματα - shapes
1. καρδία - heart
2. σταυρός - cross
3. τετράγωνον - square
4. ᾠοειδής - oval
5. ὀκτάγωνον - octagon
6. πεντάγωνον - pentagon
7. κύκλος - circle
8. κύλινδρος - cylinder
9. ἀστήρ - star
10. τρίγωνον - triangle

pp. 29-31: ἀριθμοί - numbers
0. μηδέν / οὐδέν,
   μηδένα / οὐδένα, - zero, nothing
1. εἷς, μία, ἕν - one
2. δύο - two
3. τρεῖς, τρία - three
4. τέσσαρες, τέσσαρα - four
5. πέντε - five
6. ἕξ - six
7. ἑπτά - seven
8. ὀκτώ - eight
9. ἐννέα - nine
10. δέκα - ten
11. ἕνδεκα - eleven
12. δώδεκα - twelve
13. δεκατρία - thirteen
14. δεκατέσσερα - fourteen
15. δεκαπέντε - fifteen
16. δεκαέξ - sixteen
17. δεκαεπτά - seventeen
18. δεκαοκτώ - eighteen
19. δεκαεννέα - nineteen
20. εἴκοσι - twenty
30. τριάκοντα - thirty
40. τεσσαράκοντα - forty
50. πεντήκοντα - fifty
60. ἑξήκοντα - sixty
70. ἑβδομήκοντα - seventy
80. ὀγδοήκοντα - eighty
90. ἐνενήκοντα - ninety
100. ἑκατόν - one hundred

λέξεις

1. πρῶτος - first
2. δεύτερος - second
3. τρίτος - third
4. τέταρτος - fourth
5. πέμπτος - fifth
6. ἕκτος - sixth
7. ἑβδόμος - seventh
8. ὄγδοος - eighth
9. ἐνάτος - ninth
10. δέκατος - tenth

λέξεις - vocabulary (words)
χειρόγραφα - notes

χειρόγραφα

41

GLOSSAHOUSE
WILMORE, KY
GLOSSAHOUSE.COM

www.ingramcontent.com/pod-product-compliance
Lightning Source LLC
Chambersburg PA
CBHW042152030726
47599CB00004B/704